I0840856